"Ich kenne diesen Schmerz,..."

-Verständliche Prosa-Gedichte von Burkhard Tomm-Bub-

* * *

Impressum / V.i.S.d.P: © Burkhard Tomm-Bub, M.A. 2010
* 67063 Lu`/Rh. * Jakob-Binderstr.22 * ogma1@t-online.de *

ISBN LAUTET 9783734778643

Herstellung und Verlag:
BoD – Books on Demand,
Nordersted

Wunsch

Ich
kann Dir Schuhe geben
-bestenfalls-
gehen
mußt Du selbst.
Und
dein Dank
berührt mein Herz,
doch wichtiger
ist mir
daß Du
nicht
zu oft
rückwärts gehst.

B.Tomm

Die Fahrt

Ein Traumfänger
vor der Windschutzscheibe
fängt auch meinen Wunsch zu träumen
spielt mit ihm, beflügelt ihn
läßt ihn sich schwingen
auf die Flügel der Musik
die, aus dem Autoradio dringend,
meinen Geist und mein Herz verzaubert:
``Flash for fan-ta-sy ...''`.
Der graue Novemberhimmel
verliert so seinen depressiven Schrecken
und die Hoffnung wächst,
daß alle Bäume wieder Blätter tragen,
erst irgendwann,
doch ganz gewiß ... !

(BukTom Bloch)

Erzählung

Zur
-ZEHN-
Besorgnis
-NEUN-
Besteht
-ACHT-
Kein
-SIEBEN-
Anlaß.
-SECHS-
Die
-FÜNF-
Lage
-VIER-
Ist
-DREI-
Vollkommen
-ZWEI-
Unter
-EINS-
Kontrolle!
-NULL-
....
....
ende.

    B.Tomm

Antwort

Ich
kann Dir
wirklich
nicht sagen, was Du
tun sollst.

Doch
kann ich mehr als das!

Ich
kann Dich
fragen:
Was

willst Du
wirklich?

B.Tomm

Alternative

Breche Dein Schweigen,

ENDLICH -
sonst wirst Du selbst
zerbrechen
vergiftet von
geschlucktem
Ärger, Wut und Zorn.
Ertrunken in einem Meer
ungeweinter Tränen.
Erstickt an
Trauer und Schmerz.
Verarmt an
un-geteilter Freude
ohne Lachen
ohne Liebe,
wirst Du sonst sterben,
einsam.
SPRICH !
     B. Tomm

R. Wildblume

Wahrnehmung

Ich rieche
die Farben der Nacht
atme Gedanken ins Gestern
und
die Tür zum Morgen
erwächst
aus dunklen Wogen der Furcht.

In meinem Herzen
klingt
die Saite
Hoffnung.

      B.Tomm

Anbindung

Von einem Punkt
zum anderen
ist die kürzeste Verbindung

sicherlich
eine Gerade.

Von einem Menschen
zum anderen
ist die kürzeste Verbindung
oft
zu direkt.

Hier
genieße ich
-manchmal-
besonders
die Umwege.

B.Tomm

R.Wildblume

Räumungsbefehl

Sehr geehrte Menschheit,

aufgrund der durch Ihr persönliches Verschulden entstandenen Vorkommnisse und Probleme, sehen wir uns leider gezwungen Ihnen den weiteren Aufenthalt auf dem Planeten ERDE mit sofortiger Wirkung zu untersagen! Wir bedauern, diese harte Maßnahme treffen zu müssen, doch scheint sie uns die letzte Möglichkeit verzweifelter Notwehr zu sein!
Mit freundlichen Grüßen
     gez. FLORA & FAUNA

(B.Tomm)

Anker

Hege die Momente
in denen Du glücklich
und ganz zufrieden bist.
Denn in diesen Augenblicken
wachsen Dir Flügel-
die Dich tragen können;
in den guten Zeiten
machen sie Dich noch größer
tragen Dich über Untiefen und Abgründe
lassen Dich
über die Steine in Deinem Weg
leichten Herzens steigen
hinweg über alle Nichtigkeit

schwebst Du hoch
wo harte Konturen sich runden
und Du den Kanten und Rissen der Anderen
verzeihst
wie Deinen eigenen.

Und stehe dunkle Wolken
über Deinem Weg
so sind die Schwingen klein
-doch dann schau zurück-
über Deinen Schultern
erheben sich noch immer
wolkenfederleicht
die Flügel, die Dich tragen können ....
Wisse
DU KANNST FLIEGEN
-auch in diesen Zeiten-
hoch und leicht und frei
kannst Du Kapriolen schlagen,
kannst noch immer
lachen!

                                        B.Tomm

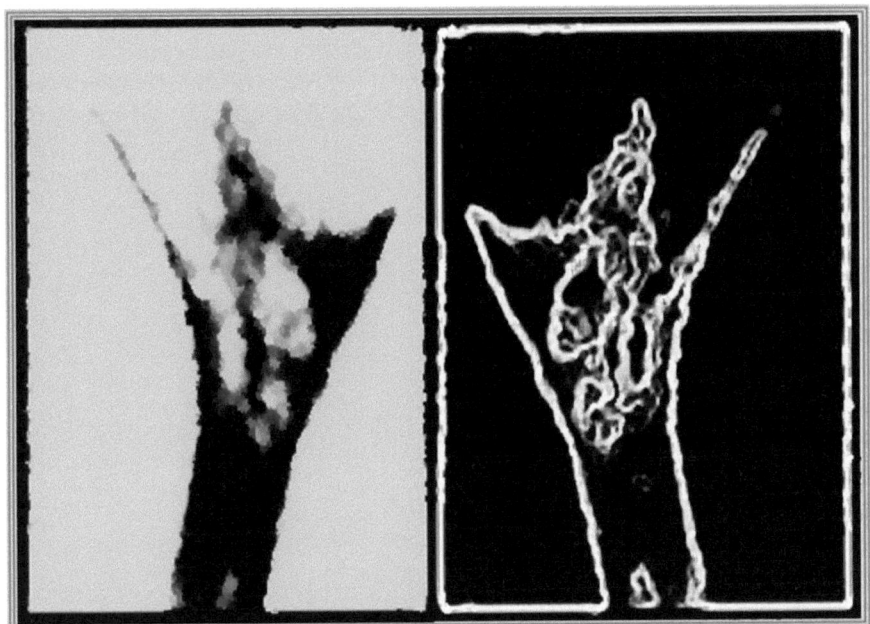

Disput (BukTom Bloch)

Bereitschaft

Oft
sind Worte wie Seen
manche klar, rein und tief
andere nur seicht.

Ich kann
nur ihre Oberfläche sehen,
glatt oder rauh,
kann sie aber auch
ausloten

in ihrer möglichen Tiefe:

Ich will
versuchen
Dich
zu hören ....

B.Tomm

Aufschau

Wolkenschiff
im azurnen Himmel

Träume geschehen lassend
im warmen Hauch
golddurchwirkter Luft
auf grünen und gelben Feldern
erdig lebenden Wegen
schweift mein Blick zu Dir
wie Du, ohne Ziel
schwebst
beharrlich
in Veränderung
von Form und Weg
und doch beständig.

B.Tomm

Besinnung

Ich spüre Deinen Atem,
den Atem des Lebens,
voller Sehnsucht, Trauer
und Hoffnung
wird er ruhiger
unter meiner Berührung,
besinnt sich seine Kraft
erfüllt sich neu
mit
Leben !

           B.Tomm

BOTH SIDES NOW !

Risiko unendlich groß

auf meinem Weg
durch Zeit und Raum

durch Zeiten voller
Freude
Angst
Freude

                allein
In meinem Raum
In Räumen
                voller Menschen

Zahl der Chancen:
    nur zu unterschätzen!

                      B.Tomm

Noch weit

Du schreibst
vom Fernweh
und suchst doch Nähe,
die Du nicht findest
bei denen
die um Dich sind.

Unerreichbar
nahe
bist Du
Dir.

B.Tomm

EINDEUTIG

das kann ich dir nicht erzählen

Das kann ich Dir nicht erzählen.
DAS kann ich Dir nicht erzählen.
Das KANN ich Dir nicht erzählen.
Das kann ICH Dir nicht erzählen.
Das kann ich DIR nicht erzählen.
Das kann ich Dir NICHT erzählen.
Das kann ich Dir nicht ERZÄHLEN.
DAS KANN ICH DIR NICHT ERZÄHLEN!

B.Tomm

Tandava

Nur ein Traum
inmitten eines Traumes.

Und wenn der Traum
nun seinerseits beginnt zu träumen?

Führt endlich dies dann zum Erwachen

Umfassender

als je

B.Tomm

Empfindung

**Die verlorene Heimat
die Du
in der Ferne
so verzweifelt suchst
wirst Du nicht finden,
hinterm Horizont.**

**Denn
nur
in Dir
wird Heimat sein ...**

B.Tomm

TRÄNEN

Ich liebe jede Träne,
darin ein Bild von Dir.
Ich liebe jede Trauer,
wenn Dir sie gelten darf.
Ich liebe jeden Schmerz,
wenn Du das Messer bist.
Und liebe jede Leere,
wenn Du nur vorher warst.
Voll Tränen, Trauer, Schmerz und Leere,
wenn ich getrennt von Dir
bleibt eines immer:
Dank- und Liebe
in meinem Herzen mir.   *(BukTom Bloch)*

FLIEGEN LERNEN

(dt. Nachdichtung „Learning to fly" von Tom Petty)

Ich begann meinen Weg, die schmutzige Straße hinab
und niemand nahm diesen Anfang mir ab !
Und die Sonne ging unter, als den Berg ich überstieg.
Die Stadt- Lichter lockten, doch die Welt -sie schwieg !

Ich lerne zu fliegen und hab` doch keine Flügel mehr.
und so Boden zu finden, das ist wohl zu schwer.

Ja, die alten Zeiten bringe ich wohl nun zurück nicht mehr
Doch auch Felsen können schmelzen und es verbrennt
selbst das Meer.

Ich lerne zu fliegen und hab` doch keine Flügel mehr.
und so Boden zu finden, das ist wohl zu schwer.

Ja, Viele sagen, Du zerstörst nur Dein Leben,
Dein Herz wird brechen und niemand Dir vergeben!
Und so breche ich auf, nur Gott weiß, wohin.
Ich selbst werd` es wissen- sobald ich dort bin.

Ich lerne das Fliegen, zwischen den Wolken, so hoch
Was ist Oben, was Unten- weiß ich das denn noch ?

Ich lerne zu fliegen und hab` doch keine Flügel mehr.
und so Boden zu finden, das ist wohl zu schwer.

***

DER HERBST, DER FLUSS *(Text- Collage)*

Nun ist es Herbst, an diesem Ort
Der Fluß des Lebens, ja, er rauscht
Vor uns, vorbei, rast von uns fort-
Ist er`s noch wert, dass man ihm lauscht ?

Nun-
Laß` den Sommer gehen,
Laß` Sturm und Winde wehen.

Genug- ist nicht genug!
Gepriesen werde der Herbst!
Das Herz-
auch es bedarf des Überflusses,
Genug kann nie
und nimmermehr genügen!

Natur, wie schön in jedem Kleide!
Auch noch im Sterbekleid wie schön!
Sie mischt in Wehmut sanfte Freude,
Und lächelt tränend noch im Gehen.

Und das Wirren bunt und bunter
Wird ein magisch wilder Fluß,
In die schöne Welt hinunter
Lockt dich dieses Stromes Gruß.

Und ich mag mich nicht bewahren!
Weit von euch treibt mich der Wind,
Auf dem Strome will ich fahren,
Von dem Glanze selig blind!

Tausend Stimmen lockend schlagen,
Hoch Aurora flammend weht,
Fahre zu! Ich mag nicht fragen,
Wo die Fahrt zuende geht!

Und Wir ...
Könnten wir schwimmen
Wie Delphine
Delphine es tun
Wir
Wir wären Helden
Für einen Tag...

(Tomm-Bub, Voss, Meyer, Eichendorff, Bowie)

Gehen

Im feuchten Tau
des neuen, jungen Morgens
bekomme ich kalte Füße
-manchmal-
wenn ich, barfuß
zu weit gehe
auf frischen Wiesen
doch
solange Gras ist
unter
meinen Füßen-
solange ich spüren kann,
gehe ich voran in der Wärme
der aufgehenden Sonne.

B.Tomm

Definition

Cornelis Fischer (Emma Fargis)

Heimstatt

Nur im Herbst
lichten sich die Nebel

wird goldgelber Morgen
nach feuchtkalter Nacht
bricht die Sonne
durch die dunklen Schwaden
verliert sich Dunkelheit
in morgendlicher Dämmerung,
mischt sich das Grün der Bäume
mit goldenen, braunen, violetten
und roten Tönen.
Und ich erlebe
den immerwährenden Wechsel
von Kühle und Wärme
der erst ein ganzes Leben macht ...
Laß` mich wohnen
im Haus des Herbstes!

B.Tomm

Fund

*Ich sah` uns tanzen
unterm` Regenbogen
den Schatz an seinem Ende
nicht mehr suchend
-weil wir ihn in uns trugen.*

Tom

Im Nu

Wenn
die Sekunde verharrt
und
der Strom der Zeit
einen Moment lang stockt
hält das Leben
den Atem an-

alle Eindrücke werden intensiver,

die Wahrnehmung
eines zeitlosen Augenblickes
prägt sich in die Seele

unvorstellbar,
daß je wieder
irgend etwas
geschieht ....

vorbei

B.Tomm

Aufbruch

**Ich tötete
meinen Körper,
raubte mir
den Verstand,
nahm meine Gefühle
nicht an**

**Endlich
bin ich
unterwegs-
komme ich
zu mir.**

B.Tomm

Projektionen

Das Ohr des Dichters
ist ein Brennglas
eine Lupe
ist aus Glas
und kann
zum Spiegel werden
kann laute Bilder schreien
Mosaiken werfen
Scherben
aus der Wirklichkeit
Kaleidoskop
aus Dur und Moll
geatmet in Dein Herz
Wogen werfend
im Labyrinth
von Seele
und Verstand.
Kann zerbrechen
hoffend
auf Gehör.

B.Tomm

Abenteuer

Fast zu lange schon
schwebtest Du im Nichts
unterwegs
durch die Untiefen
von Zeit und Raum,
verloren
in der Unbegrenztheit
Deines Kosmos,
einsam
in der Schwärze
der Unendlichkeit.

Gingst durch Nova-helle Gluten
höllenheiß,
Schwerkraft preßte
-fast für immer-
Dich zu Boden,
die Kälte leeren Raumes
ließ Dich schon zu Eis erstarren.

Beinahe
wärest Du
im Strom der Zeit ertrunken.

Doch magisch zog Dich endlich
ein warmer Schimmer an.

Und Du fandest andere Wesen.

Dein Weg
kann niemals enden
und sein Ziel
bist
-Du!

                    B.Tomm

Puzzle

Aus der
mir gemäßen
Zahl von NEINs

-wird mir
ein größeres
JA!

B.Tomm

Verschiebung

In meiner Sucht
Ziele zu erreichen
vergaß ich,

daß ich meine Kräfte brauche
für den Weg!

B.Tomm

Qualität

An
manchen Abenden
geschieht
nichts.
Keine Katastrophen,
kein
Freudentaumel.

Nur
eine Unterhaltung

wird, unversehens,
zum
Gespräch.

B.Tomm

Abseitsfalle

November
ist in mir

kühle Metallgerippe
und kahle Bäume
säumen meinen Weg
vorbei
an den dunklen Schatten der Häuser
rollen staubige Autos
und lärmende Motorräder,
unter meinen Füßen
nur feuchter Asphalt,
die hereinbrechende Dunkelheit

hat etwas Endgültiges
und mir ist kalt
so allein.
Ich weiß
wenn ich nicht gehe

wird wohl
niemand kommen,
doch
mir ist
als könne ich nur warten
auf
meinen nächsten Frühling.

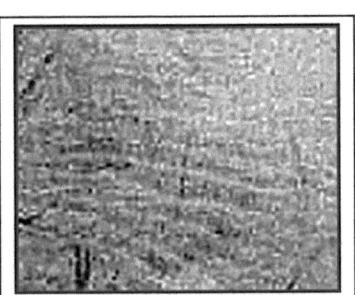

B.Tomm

Reflektionen

Die Augen einer Malerin
sie sehen Deine Welt
-und sehen vieles mehr !

Vor Liebe, Angst, vor Schmerz und Lust
da hebt sie ihre Lider.
Verschließt die Augen nicht und sieht
in anderen Farben, anderen Formen
umher mit Augenblicken!

Ein Wimpernschlag,
ein langer Blick,
ein Sehen fremder, aber wahrer Welten ...

Die sind es, die sie dem

der schauen kann, der sehen will
in bunten,
hellen,
dunklen
Spiegeln zeigt!

(B. Tomm-Bub)

Ruinen

In dieser Zeit

wurde auch ich geraubt
vertauscht mit einem
Anderen
ich bin nicht ich
finde mich nicht
an den Orten
an denen ich mich suche

Und
tausend Narren
vernarbten meine Seele
in den Nächten vorher

Ich
breche auf
aus dieser Nacht!

B.Tomm

SCHWERE TRÄUME

Kahle Äste, die blätterlos
sich in den Himmel drängen
der einförmig, grau und stumm
über der kalten Stadt hängt,
schon fast bereit
herabzustürzen ...

Doch eine sanfte Decke
mildert diesen Schmerz-
Schnee bedeckt die Szenerie.

So weich und mild
wie warme Haut,
so rein und schön
wie Augen,
deren Blick mich trifft.

Ein sanfter Wind,
so wie ein Atemhauch,
zieht über weiße Dächer.

Jemandes Augen gleiten träumend
wirbelnden Flocken hinterher
und dann, dann liegen warme Finger
schon fast am Fensterkreuz.

Doch noch gefriert Ihr sanfter Atem
an mancher kalten Scheibe,
die Sie vom Außen trennt. ...

(BukTom Bloch)

Movement

Als Kugel
geschleudert
in den Strom der Zeit
deformiert
zum Querschläger
halte ich inne
versinke nicht -

akzeptierend meine Form
wachse ich
durch Vergangenheit hindurch
in Zukünfte
und in
Höhen, Tiefen
Breite und Vielfalt
der Gegenwart

B.Tomm

Licht

Manchmal sehe ich mich aufbrechen
noch in der Nacht

bin ich auf dem Weg
zum nächsten Hügel.
An seinem höchsten Punkt
lasse ich mich nieder
während die Sonne am Horizont erscheint.
Sitze im feuchten Gras
auf der sich erwärmenden Erde
und ziehe meine Flöte hervor
um mit den Vögeln ein Lied zu spielen
und es klingt gut.
Tiefe Zufriedenheit und Ruhe erfüllt mich
und ich sinke dann
in einen tiefen, erholsamen Schlaf
habe viele Träume
-bin einfach glücklich-
und fühle dann
meine Kraft
aus dem Schlaf
zu erwachen.

B.Tomm

Verzichte

Neben dem akuten
greift leider auch
der chronische
Denkverzicht
immer weiter um sich.

Bein wem
lassen SIE denken?

B.Tomm

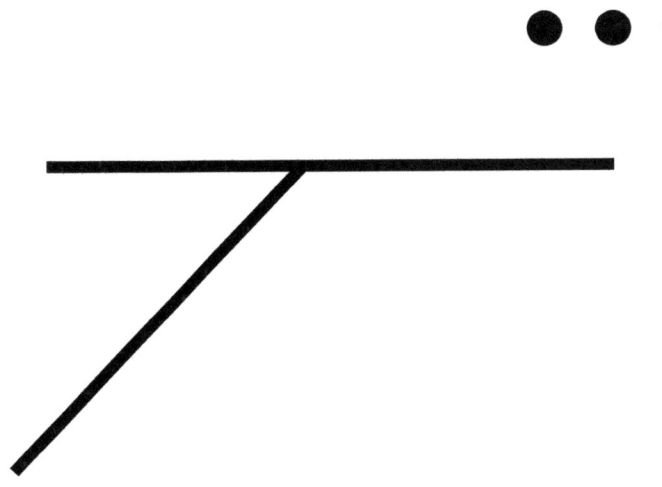

Tateinheit

**Auch
die Zeit
totzuschlagen
ist oft
Selbstmord.**

B.Tomm

Änderung

Haben Sie sich schon einmal Gedanken gemacht
was sich nach Ihrem Tode
ändern wird?

-oder aber-

Haben Sie sich schon einmal Gedanken gemacht
was sich vor Ihrem Tode
ändern könnte?

B.Tomm

Umbruch

Solange
wollte ich nicht hören
auf die Stimme des Lebens,
auf das verschüttete Raunen
in mir-
nun muß ich fühlen
Trauer, Scham und Schmerz
für das Getane
und das Unterlassene
an mir.
Doch das ich fühlen KANN,
nun endlich,
ist der Lohn-
da
werden meine Sinne weit
ich spüre Leben,
spüre Liebe!

B.Tomm

Kein Fragment

**Ich
möchte Sie
und mich
fragen**

B.Tomm

Ursache und Auswirkung ?

**Bäume
die keine Blätter mehr tragen
Stadt
kalt und farblos
Luft**

zum ersticken

UND

**Gesichter
ohne Fragen darin !**

B.Tomm

Richtung

**Sie
hatte ihr Leben
schon in vollen Zügen genossen.**

**Doch leider
fuhren diese
stets in falscher Richtung.**

B.Tomm

Verlangen

Bunte Gestalten
treiben über den Asphalt
taumeln wild umher
durch den Tag
und die kalte Nacht.

Verrückt sind sie, getrieben,
rauschhaft und ekstatisch
in ihrer Gier
nach dem wilden Leben.

Ihre brennenden Augen
starren umher
und
flüchtige Blicke

streifen einander
immer
auf der Suche
nach mehr ...

B.Tomm

Tatsachen

Ich habe mich
vollkommen unter Kontrolle,
und alles geht
seinen geregelten Gang.

Warum also
sollte das in Zukunft
anders werden?

-dachte die Zeitbombe.

B.Tomm

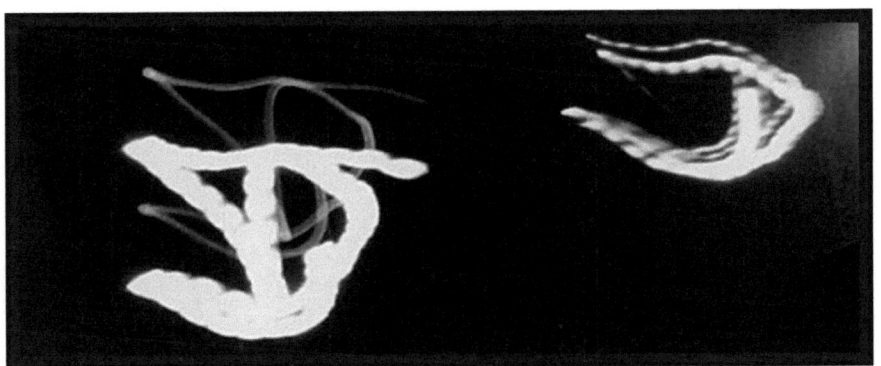

Vorbild

**Aus dem Bild
Deiner Spuren
im Sand
werde ich nichts lernen
über die Praxis
des Gehens.**

B.Tomm

Bitte

Hast Du eine Träne
für den Dichter,
dessen Seele brennt
dessen Herz
voller Worte ist-
die Dein Ohr suchen
in finsterer Verzweiflung
in flammender Empörung
und auch voller Liebe
und Sehnsucht nach dem Leben?

Hast Du eine Träne
für den Dichter-
so wieg' sie auf ihm
mit einem Tropfen
Deiner Zeit!

B.Tomm

vision

durch den tunnel
unter der brücke
hindurch

auf den Hügel
Sonnenschein

vom Horizont

Dein Bild
bis in die Wolken

vom Boden
weit hinauf
in den Himmel...

   B.Tomm

Erwärmung

Abgewandt
bis zur Neige
abgeneigt
Neigungswinkel
abgrundtief
Tod.

Zugeneigt

voll
Zuneigung

Neigungswinkel
sonnenwärts
Leben !

B.Tomm

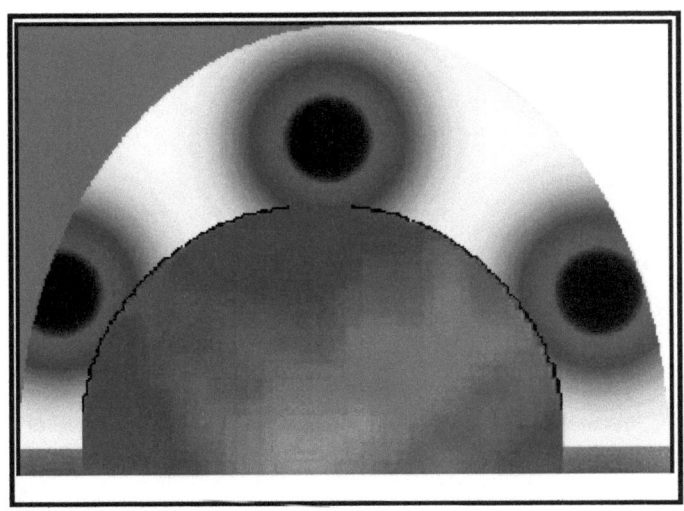

Zeitsplitter

Magische Momente
unbeschreiblich,
Augenblicke
seltsamer Faszination
erlebe ich

im Angesicht funkelnder Sterne
allein in der Herbstnacht
auf kühlen, trockenen Straßen
wenn ich meinen Weg gehe
unter blinkenden Straßenlaternen
und wiegenden Alleebäumen,
durch die der Wind streicht
immer unterwegs...

B.Tomm

Erweiterung

Ich bekenne mich
zur Unmäßigkeit
zur Grenzenlosigkeit
noch immer
will ich steigen
in ungeahnte Höhen,
bodenlose Tiefen
und will eingehen ins
Unendliche
ozeanisch
voller Wildheit
mit brennendem Herzen.

Doch mehr noch
will ich nun
will nicht mehr wahllos sein
will Richtungen bestimmen,
daß die Trümmer eingerissener Grenzen

mich nicht mehr erschlagen
will atemholen und
immer höher steigen, ohne
zu erfrieren in
zu dünner Luft
will mich versinken lassen
nicht stürzen
im Abgründigen
will mich lösen
in zeitlosen Augenblicken
auffindbar.

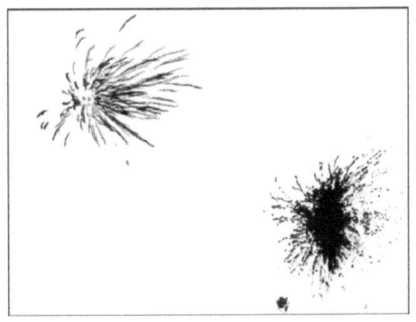

Denn
um so echter
um so öfter
bin ich.

B.Tomm

INHALT:

Impressum (1),
Wunsch (2), Die Fahrt (3), Erzählung (4), Antwort (5),
Alternative (6), Wahrnehmung (7), Anbindung (8),
Räumungsbefehl (9), Anker (10), Bereitschaft (11),
Aufschau (12), Besinnung (13), BOTH SIDES NOW! (14),
Noch weit (15), Eindeutig (16), Tandava (17),
Empfindung (18), Tränen (19), FLIEGEN LERNEN (20),
DER HERBST, DER FLUSS (21), Gehen (22), Definition (23),
Heimstatt (24), Fund (25), Im Nu (26), Aufbruch (27),
Projektionen (28), Abenteuer (29), Puzzle (30),
Verschiebung (31), Qualität (32), Abseitsfalle (33),
Reflektionen (34), Ruinen (35), Schwere Träume (36),
Movement (37), Licht (38), Verzichte (39), Tateinheit (40),
Änderung (41), Umbruch (42), Kein Fragment (43),
Ursache und Auswirkung? (44), Richtung (45),
Verlangen (46), Tatsachen (47), Vorbild (48), Bitte (49),
vision (50), Erwärmung (51), Zeitsplitter (52),
Erweiterung (53).

Ich danke Euch Allen !

(Auch P.H.- der aber nicht erwähnt werden möchte.)

Alles Gute- in allen Welten!

Burkhard *„Tom"* Tomm- Bub, M.A.
aka
BukTom Bloch

Weitere Bücher des Autors:

NEU
Geringe Mitnahme-Effekte!
Ein fiktiver jobcenter-Krimi vom EX-Fallmanager

Burkhard Tomm-Bub, M. A.

Verlag: Books on Demand
Erscheinungsdatum: 27.05.2019

3,99 € Buch
inkl. MwSt. /
portofrei
sofort verfügbar

HANDBUCH WIDERSTAND gegen HARTZ IV
Rat vom EX-Fallmanager

Burkhard Tomm-Bub, M. A.

Verlag: Books on Demand
Erscheinungsdatum: 04.01.2019

5,49 € Buch
inkl. MwSt. /
portofrei
sofort verfügbar

2,99 € E-Book
inkl. MwSt.
sofort lieferbar als Download

Cyberspace VR virtual reality
Der Comic

Burkhard Tomm-Bub

Verlag: Books on Demand
Erscheinungsdatum: 15.04.2019

22,99 € Buch
inkl. MwSt. /
portofrei
sofort verfügbar

Pan(en)theistischer Notizblog NUR ICH NUR DU
- Pantheismus / Panentheismus -

Burkhard Tomm-Bub

Verlag: Books on Demand
Erscheinungsdatum: 10.05.2019

3,99 € Buch
inkl. MwSt. /
portofrei
sofort verfügbar

D_ebakel B_odenlos
Zügige Satiren - bahnhafte Erlebnisse

Burkhard Tomm-Bub

Verlag: Books on Demand
Erscheinungsdatum: 08.05.2019

4,99 € Buch
inkl. MwSt. /
portofrei
sofort verfügbar

2,49 € E-Book
inkl. MwSt.
sofort lieferbar als Download

Hartz IV - die ethische Katastrophe - Fakten vom E(...)
-Blogberichte gegen das Unrecht-

Burkhard Tomm-Bub

Verlag: Books on Demand
Erscheinungsdatum: 10.12.2018

8,99 € Buch
inkl. MwSt. /
portofrei
sofort verfügbar

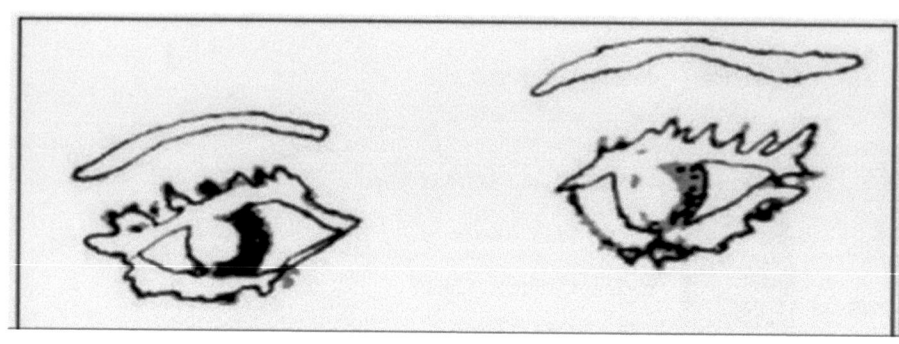